Réédition : juin 1993 — D.1991/0089/34
ISBN 2-8001-1815-6 — ISSN 0771-8373
© 1991 by E. Maltaite, S. Desberg and Editions Dupuis.
Tous droits réservés.
Imprimé en Belgique.

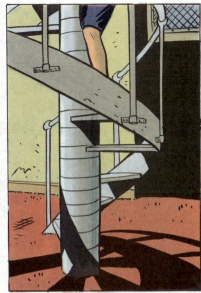

TOI, TU AS TUÉ MON FRÈRE, JE VAIS TE CASSER!

TU N'AVAIS PAS LE DROIT DE MOURIR, ANTHONY. TU N'AVAIS PAS LE DROIT DE ME LAISSER SEULE!

CESSE DE PLEURER SUR LES CHOSES QUE TU NE CONNAIS PAS. TU NE CONNAIS RIEN, PETITE SOTTE!

TU FRAPPES UN FUSIL, TU CRIES N'IMPORTE QUOI. SI TON FRÈRE EST MORT, C'EST DE MA FAUTE!

ILS L'ONT DIT, C'EST À CAUSE DU FUSIL! JE LE DÉTESTE!

VIENS!

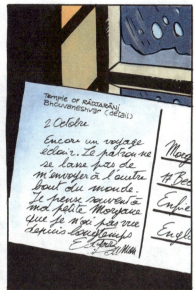

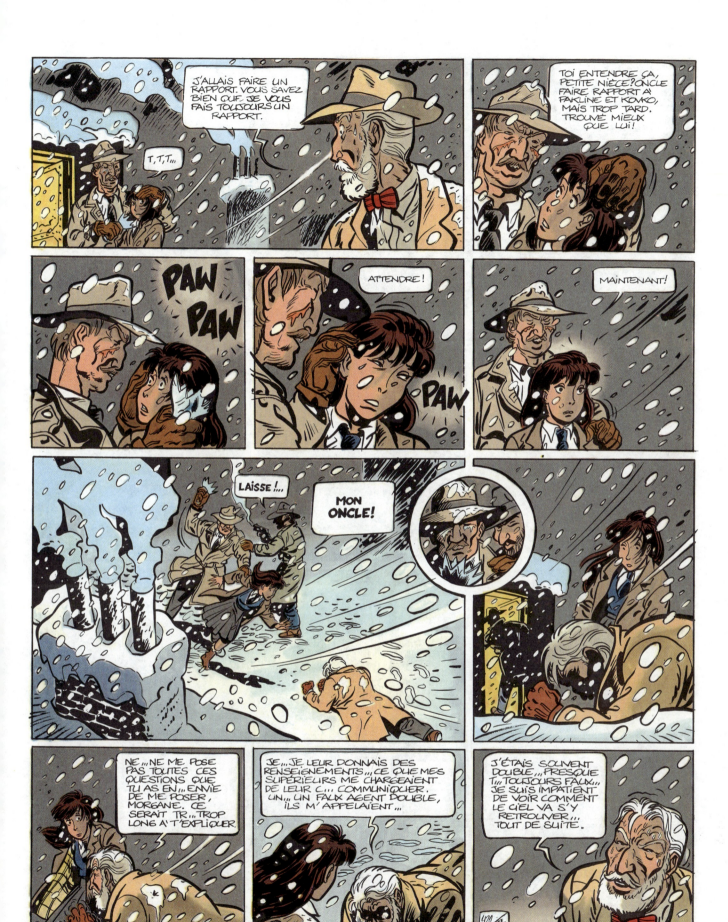

VOUS ALLEZ VOIR, MON ONCLE, VOUS N'ALLEZ PAS REGRETTER DE M'AVOIR LAISSÉ VOTRE JAGUAR EN HÉRITAGE...

POUR ANALYSER LES COMPORTEMENTS DE MISS ANGEL, IL Y A LIEU DE TENIR COMPTE D'UN PROFOND CONFLIT DE PERSONNALITÉ OPPOSANT UN CARACTÈRE À TENDANCE EMOTIONNELLE ET LES PRINCIPES AUTORITAIRES D'UNE ÉDUCATION RIGIDE.

L'AFFECTION EXCLUSIVE VOUÉE À SON ONCLE GLORIFIE SES PENCHANTS ROMANTIQUES MAIS PROVOQUE UN GRAND DÉSÉQUILIBRE À LA DISPARITION DE CELUI-CI. DEPUIS LORS, L'APPARENTE STABILITÉ DE MISS ANGEL REPOSE SUR UN PUISSANT VERROU ÉMOTIONNEL CARACTÉRISÉ PAR L'ABSENCE PERCEPTIBLE DE SENSIBILITÉ.

A SURVEILLER: EVOLUTION DE 2 PARAMÈTRES IMPRÉVISIBLES:
- UNE REDOUTABLE ET TRÈS ANCIENNE JALOUSIE ENVERS SA SOEUR EVELYN, OBJET DE TOUTES LES ADMIRATIONS;
- UNE PASSION POUR LA HARPE BAROQUE ET LE MONDE ÉMOTIF DE LA MUSIQUE CLASSIQUE.

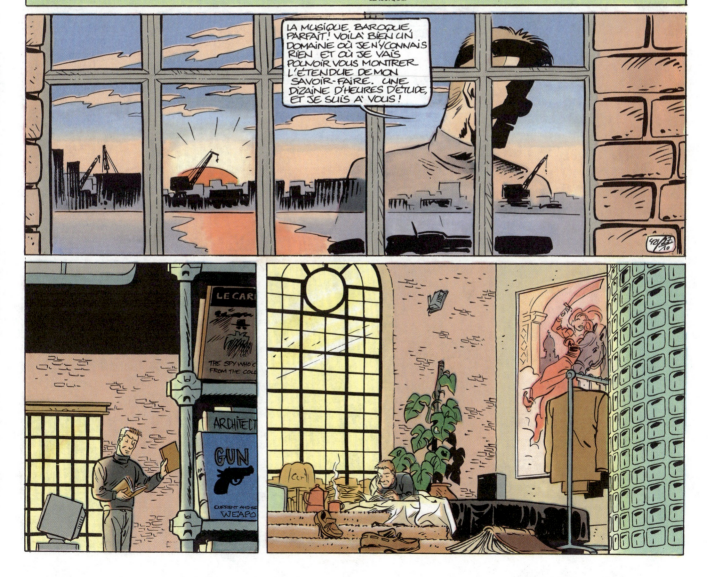

LA MUSIQUE BAROQUE, PARFAIT! VOILÀ BIEN UN DOMAINE OÙ JE N'Y CONNAIS RIEN ET OÙ JE VAIS POUVOIR VOUS MONTRER L'ÉTENDUE DE MON SAVOIR-FAIRE. UNE DIZAINE D'HEURES D'ÉTUDE, ET JE SUIS À VOUS!

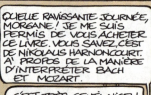

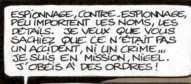